Au secours !

Mila Fossile la luciole

md

C'est l'été. Il fait beau et chaud. Fossile et Mila se baladent dans la forêt au bord d'un ruisseau.

Fossile ramasse des roches au fond de l'eau. Mila nourrit les animaux.

À midi, Mila et Fossile
mangent au bord d'un lac.
Le repas fini,
ils se couchent sur le dos
pour un petit repos.

Mila imagine un hérisson
et un gâteau. Fossile imagine
un mouton et un bateau.

Tout à coup, Mila et Fossile entendent :
« Au secours ! Au secours ! »

Oh ! Il y a une luciole
en haut du sapin !

« La luciole est piégée !
Aidons-la à s'enfuir de là ! »
dit aussitôt Mila.

Elle monte alors
sur le long cou de Fossile
et ramène la luciole
en bas du sapin.

La luciole est soulagée.
Elle fait un câlin à Mila
et s'envole au loin.

Fossile et Mila se baladent
encore un bon moment.
C'est si amusant !

Oh oh, il est tard... Mila dit :
« Il faut faire demi-tour.
Passons par ici !
La maison est par là ! »

« Non ! Elle est par là ! »
lui répond Fossile.

Oh là là ! Mila et Fossile
se sont égarés.
Ils sont découragés.

Si ça continue, Fossile
et Mila passeront la nuit
dans la forêt avec les loups
et les souris.
« Au secours ! » dit Mila
en se collant sur le cou
de son ami.

Passant par là, la luciole entend Mila. La petite bête s'arrête devant elle et lui dit :
« Ne t'en fais pas !
Je vais faire de la lumière sur ton chemin avec l'aide de mes amies. »

Une minute passe et...
tadam ! Toutes les lucioles
de la forêt sont là !

Le chemin menant
à la maison de Mila
est tout illuminé !
C'est de toute beauté !

Youpi ! Mila et Fossile
sont arrivés à la maison.
L'aventure est finie !
Mila et Fossile saluent
la petite luciole et ses amies.